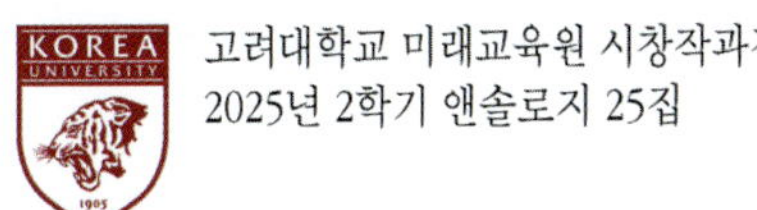

고려대학교 미래교육원 시창작과정
2025년 2학기 앤솔로지 25집

구름을 불러 타다

이동재 외

단풍

김귀란

땅속 깊은 어둠을 모아 싹을 티우고
불덩이 받아내어 환하게
피워낸 나무를 본다

붉게 타올라
텅 빈 고요와 쓸쓸함 사이
절정의 순간에 불에 데인
상처의 흔적을 본다

다 태워져 꺼져 버린
불타올랐던 날들 아득하고
머지않아 돌아갈
바람에 흩어지는 눈부신
그리움을 본다

거부하지 않고 깃털처럼
가벼이 옷을 벗는
한 생의 허무를 본다

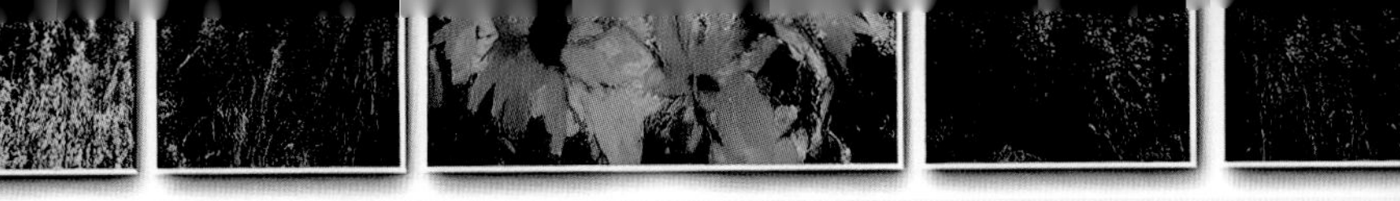

선풍기 고운 바람

김영숙

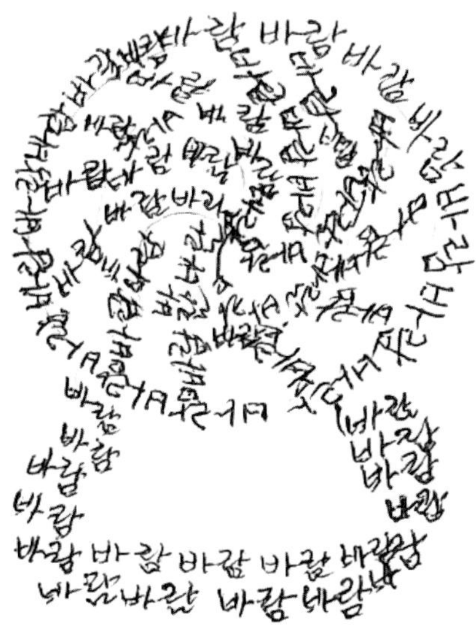

창밖의 한낮 오후 바람은

왔다가 혹 가는 여름 바람

어디론가 사라진 바람 갈바람

시원하듯 스쳐가고 선풍기 고운 바람은

빙글빙글 내 옆에 머물고 있다.

태극기의 내력

김 종 원

우주를 다스리는 음양오행 태극이 온누리를 조화롭게 융합한다는 자연의 섭리가 아닌가
태극기 형색이 빨갱이 파랭이로 분단될 팔자라고 놀리지 마라

강을 사랑하는 삼봉

김 의 숙

마음이 꿀꿀할 때엔 북한 강변을 거닐며
마음을 강물에 띄워 보내고
갈바람 불면 남한강 도담삼봉 유람선 타고
곱게 물든 단풍놀이 가자고
하얀 억새 쉬임 없이 손짓하네

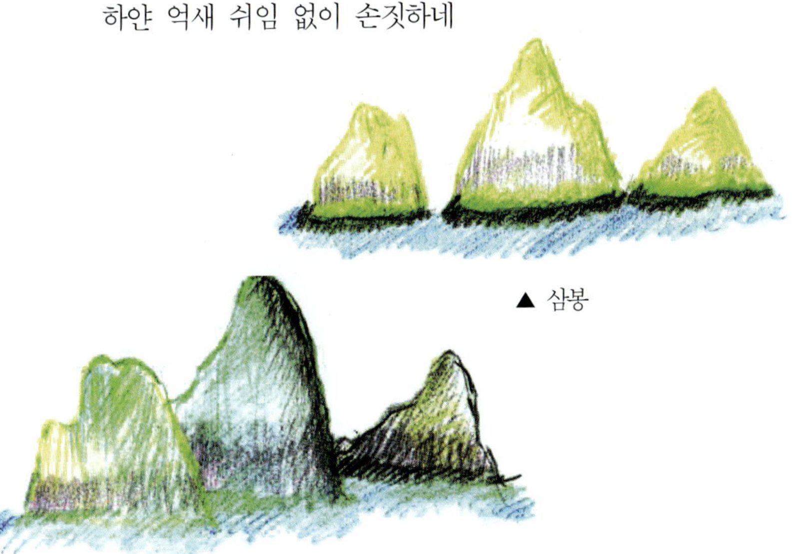

▲ 삼봉

▲ 도담삼봉

* 삼봉 : 경기도 남양주군 화도읍 금람리와 조안면 삼봉리 사이 북한강 속에 잇는 봉우리, 강원도 정선의 삼봉산이 홍수로 떠려왔다는 전설이 섬

* 도담삼봉 :충청북도 단양군에 있는 단양팔경 중 하나의 명승지, 명승 제44호로 지정되었다.

대박

박봉흠

광부의 집안에 웃음 꽃
피었어요 ㅎ ㅎ ㅎ ㅎ
네 얼굴 광산 웃음
아내 얼굴 보름달 웃음
아들 얼굴 우주 웃음
딸내미 얼굴 장미향 웃음

꿈속의 아이

박정현

어떤 예쁜 아이가
나에게 꽃 한 송이를 들고 찾아왔어요
두 송이도 아니고
연분홍 한 송이
한아름 가득히 안은듯
살포시 건네 주었어요

봄기운이 가득한 들판에서
꺾어 왔다고 했지만
사실은 봄이 아니고
가을에 피는 코스모스
꽃이었어요
그 아이는 그렇게 꽃을
건네주곤
밝그레이 눈웃음만 남기고
스스럼 없이 가버렸답니다

참으로 예쁜 소녀
그 아이를 기억하는 사람은
오직 나밖에 없어요

– 그림 : 이현숙

시 짓는 학교

이 금 선

시창작시창작시창작시창작 ---- 시창작시창작시창작시창작
창 김 김김김김박박박 출 장정조이오이 아시 시
작 순 종귀영의귀봉정 태춘기동복금 름짓 창
시 진 원란숙숙선흠현 석 숙식용재환선 다는 작
창 교 문학 시
작 수 학학학학학학학 부 학학학학학학 동교 창
시 님 생생생생생생생 생생생생생생 행! 작
창작시창작시창작시창작시 --- 창작시창작시창작시창작 시

시가 살아 숨쉬는 봉성리

이 동 재

보령호를 휘돌아 계곡의 물길 따라
굽이굽이 돌며 봉성리로 향한다
동네 입구에 도착하니
즐비한 시비가 버선발로 달려나오며
시인을 반겨주네

처음 가보는 마을이 고향처럼 포근하다
담장에 새긴 벽화가 예향의 운치를 더해주며
나그네 발길을 멈추게 한다

밤하늘 별빛처럼 빛나는시비 공원
논밭에 일렁이는 황금물결은
향수를 그리는 영원한 노스탤지어

부엉이 시를 물고
솔바람 따라 날으는 뷩새바위 아래
나는 다시 오리라
나는 꼭 돌아오리라
옛 시인의 고향으로

나라도 여행

장태숙

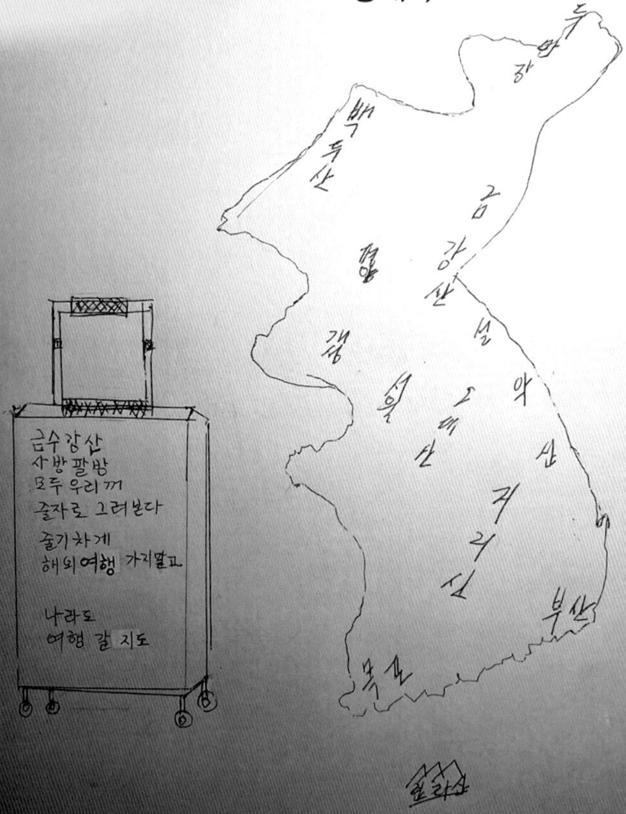

금수강산
사방팔방
모두 우리 꺼
줄자로 그려본다

줄기차게
해외여행 가지말고

나라도
여행 갈 지도

차

조기용

차차차 차차차 차차차 차차차 차
차차차 차
차 🚗 🍵 🎵 차
친구와 차를 몰고 다방에 차를 마시러 갔더니 마침
설운도씨의 '다함께 차차차'가 흘러나오고 있었다.
다방 다방
커 피 커 피
녹차 홍차

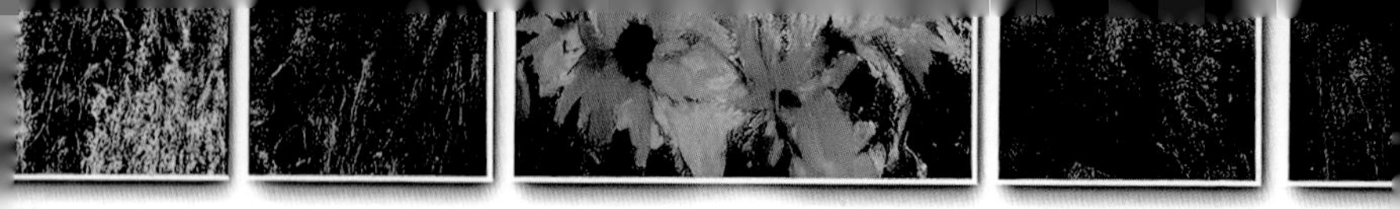

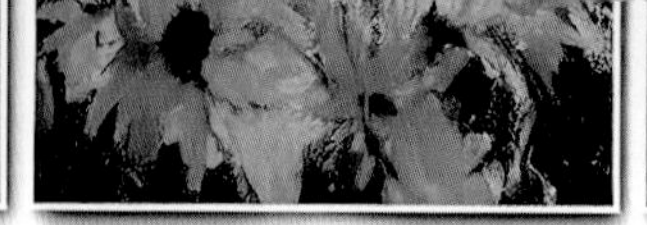

추억

정 춘 식

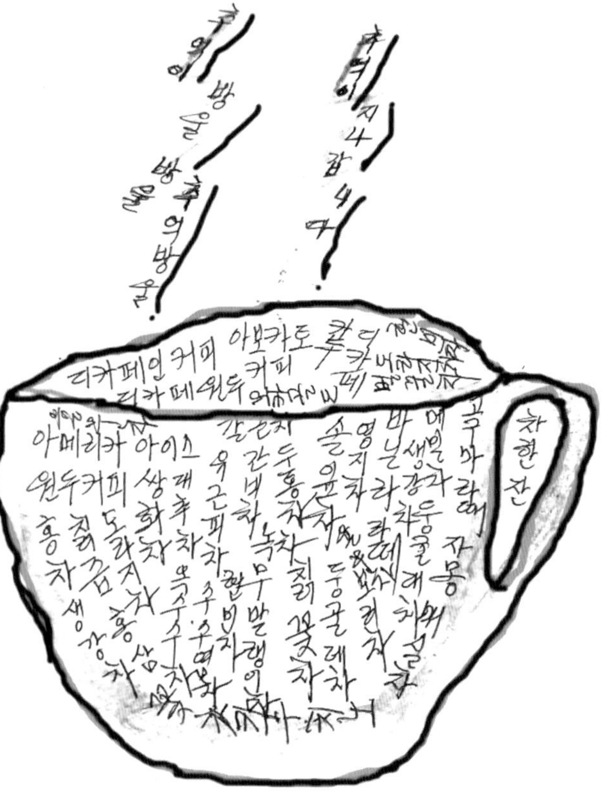

추억이 방울 방울 추억의 방울 방울.

추억이 지나 갑니다.

디카페인 커피 아보카도

디카페인원두 커피

아메리카노 아이스

원두커피

차 한 잔

차 례

초대시조

김순진

삼팔선 마을, 제비울 회고록 외 4편

김 순 진

소련군 말을 타고 미군은 지프 타고
쏼라쏼라 지저대다 그어놓은 삼팔선
그 선에 우리 마을은 남북으로 갈렸다

압록강 수풍발전소 전기가 들어오는
삼팔이북 북한 땅은 불빛이 환했었고
일동서 석유를 사온 남한 등잔불 희미했다

삼팔선 몰래 넘어 고무신을 사오고
과일이며 제사 홍정 넘치던 일동 시내
장암리 인민초등학교 사상교육 시작됐다

육이오 남침으로 피란을 나갔다가
구이팔 수복으로 삼 년만에 돌아오니
논밭에 뽕나무나고 잡풀이 무성했다

가난을 옭아매던 초근목피 삶에도
희망을 일궈내던 어머니 아버지는
또다시 저수지 터져 수해를 당했다

〈

내 나이 여덟 살 때 가운뎃방 세를 든
동환 엄마 왜간장을 사라는 소릴 듣고
불 때다 간장 사러가 초가집이 다 탔다

못 먹고 헐벗어서 내 동생은 야맹증에
들쥐를 잡아 구워 밤에 몰래 먹이고서
양볼에 버짐이 생긴 나는 아주 작고 왜소했다

어머니 견디다 못해 담임 선생 찾아가서
자초지총 말하면서 두 양반 울고 나서
급식빵 한 보따리를 싸 보내신 선생님*

먹고 살만 하니까 엄마는 돌아가시고
선생님 퇴직해서 어디 사는지 알 길 없네
꼭 한 번 찾아뵙고서 소주 한 잔 올리고 싶다

* 3학년 때 담임이신 조성구 선생님

텃밭을 가꾸며

상추며 치커리에 고구마 감자 호박
들깻잎 토란에다 열무며 고추 가지
텃밭을 몇 평 얻어서 초보 농부 시작한다

압정인 듯 송곳인 듯 입안을 찌를 듯이
온몸을 불사르며 화끈화끈 청양고추
홍고추 꾸미를 얹은 잔치국수 생각한다

밤이면 별을 세며 별 되는 꿈 꾸더니
호박별 대장군이 섬을 지고 출정하사
애호박 고운살결에 손자를 얻었구나

보랏빛 엽서 위에 고웁게 붙여 둔듯
가지꽃 예쁘더니 주렁주렁 열렸구나
한소끔 끓여낸 밥에 가지찜 얹어보자

눈뜨면 가고 싶고 눈감아도 삼삼하다
농민마트 따로 없네 날마다 들러보며
한아름 상추를 따다 이 집 저 집 나눠주며

〈

이웃사촌 불러다가 삼겹살 구워놓고
한 쌈 싸서 눈 흘기며 서로를 먹여주니
여기가 무릉동원이라 도끼자루 썩는구나

해인사 장경각에서

글꽃이 피어난다 글향기 그윽하다
글벌들 드난하고 글꿀통 넘쳐난다
팔만 개 장경판에서 뿜어내는 글향기

벚나무 심고 가꿔 장경판 되기까지
수십 년 기다리며 곧추세운 염원은
몽골을 물리치고서 평화를 원했을 터

벌목공 나무 베고 목수들 나무 깎아
조각가 글을 파고 파수꾼 지킬 적에
반백년 훌쩍지나가 저승 간 사람 많아

새소리 깎아 넣고 물소리 새겨 넣어
덩실덩실 춤추는 백성 꿈도 새겨 넣고
백두산 호랑이소리 새겨 넣은 대장경이

하나씩 장경각에 책으로 꽂힐 적에
먹물을 받아내던 한지의 그윽한 맘
마침내 외세 물리쳐 역사는 이어진다

물고기를 잡다 · 1

두 개울 중 한 곳을 돌맹이 풀로 틀어막아
흐르던 물 잦아들면 물고기를 줍는다
귀퉁이에 연못을 파서 공동으로 잡아놓고

땅거미 내리도록 짱깨미뽀 순서 정해
큰 물고기 순서대로 버들가지에 꿰어내
십릿길 큰개울에서 도랑타고 돌아온다

초승달이 어둔 길을 비치는 둥 마는 둥
발자국 감각으로 제동네 찾아간다
논두렁 거니는 행렬 용의 갈기 같구나

동네 어귀 들어서자 파리한 전등 불 밑
어른들 서넛이서 아직도 기우는 술잔
거나히 취한 여름에 하루 해 저물 녘에

많이도 잡았구나 나한테 팔지 않으련,
어른의 한 마디에 어깨가 으쓱하며
허기가 모두 가시며 소년 하루를 매각한다

어머니 마중나와, 왜 이제야 오느냐
걱정 뒤로 사립문 옆 두레박물 퍼주시며
씻고서 밥먹으라는 지상 최대 잔칫상

시조로 끝말 잇기

- 이윤순 시인님께

지난한 세월 동안 우리 방을 지켜오신
이윤순 선생님이 너무 많이 아프셔서
가실 날 머지않다고 하시니 이를 어째

시조로 신춘문예 당선까지 하셔서
너무나 좋아서 함께 눈물 흘렸는데
마지막 시조집 내시려 원고를 보내셨네

선생님 떠나셔도 당신의 글은 남아
자손들 두고두고 자랑스레 보실거야
그 깊은 사랑과 모범 자손만대 기릴터

* 이윤순 시인은 한국스토리문인협회의 '시조로 끝말잇기 방'에서 훈련을 하여 2018년 ≪불교신문≫ 신춘문예에 당선했으나, 그 해 암으로 세상을 떠나셨습니다. 이윤순 선생님 영전에 이 시를 바칩니다.

김 귀 란

아버지의 풍란 외 4편

김 귀 란

아버지의 시간은 무겁고 길었다
떨림과 설렘을 상실하고 기억마저 손을 놓은 뒤
창밖의 풍경만 바라보다
더 이상 소망하는 일이 없는 풍경이 되었다

유일하게 기억하는 딸이 방문을 열면
검불 같은 손을 더듬어
오만 원권 지폐 한 장을 쥐어주며 희미하게 웃었다

손사래치는 아버지를 달래 미음 한 순갈 떠 먹이고
비늘가루 분분히 떨어지는 낙화
온몸을 덮고 있는 마침표를 물거품으로 지워본다
다시 풍경으로 돌아누운 뒷모습을 눈에 담고
집으로 돌아오면, 야야 너거 아부지 똥 쌌다
구순의 어머니가 부른다

효를 가장한 불효의 몸짓으로 밑동 잘린 대들보를 주저앉혀
움찔거리는 봉인을 해제시킨다

아버지의 영광과 몰락의 찌꺼기들이
머뭇거리며 떠내려간다
무혼을 강탈 당한 숫소의 처연한 눈빛
애써 외면한 채 목젖이 뻐근해진다
모든 가혹함은 기약이 없어 더욱 가혹하다

그날 이후 아버지는 곡기를 끊고
죽음과 줄다리기를 하셨다

고요한 봄날 목련잎이 하얗게 피어날 때
아버지는 한 생을 내려놓고
죽음이 없는 죽음으로 건너가셨다

그 사이 아버지가 아끼던 풍란이 꽃을 피웠다
어머니는 하염없이 그 꽃만 바라보고 있다
창밖에 노란 나비 한 마리 팔랑거린다

잊혀진 비행

반지하 창문 없는 밀실에 둥지를 튼 비둘기
뭉그러진 발가락으로 먹이를 찾아
갈라진 아스팔트 틈새를 서성거린다

푸석한 지상의 음식에 목이 메이고
허기진 배를 채워 줄 물 한 모금이 그립다
간간이 교회 첨탑을 올려다 보지만
이미 나는 법을 잊어버렸다

어둠이 내리면
한 번도 펼쳐보지 못한 날개를 다시 움츠린 채
에어컨 실외기 속으로 몸을 숨긴다

꿈을 꾸면
백두대간을 가로질러 태평양의 푸른 물결을 따라
아득한 축제의 잔향을 더듬는다

눈을 뜨면 비행보다 추락에 익숙한 하루
무너지는 바닥의 언저리 딛고

퍼드덕거리며 비상을 꿈꾼다

까마귀 떼 하늘 높이 날아 오르고
저녁 어스름에 바람은 찬데
구구구구 목젖을 떨며 우는
지상의 비둘기

소녀상 앞에서

흑석역 3번 출구 빈 의자 곁에 한 소녀가 앉아 있다
싹둑 잘린 단발머리 날선 콧대
붉은 꽃잎 뚝뚝 떨어지던 참혹한 비명
굳게 다문 입술로 견뎌낸 그 소녀가 있다

풀지 못한 응어리가 한이 되어
죽어서도 죽지 못한 사라진 이름들
돌이 된 심장 속에 감춰 둔 울음들
말하지 못한 시간들을 지키기 위해
두 손을 무릎 위에 모은 채 다소곳이 앉아있다

어둠이 내려 인적이 끊긴 긴 밤을 지키며
고향의 흙냄새가 아득히 떠오르고
댕기머리 나풀거리던 친구들이 그립다
잠들지 못하는 시간
꼿꼿이 허리를 세우고 아침을 기다린다

아침이 밝아오고 사람들은 분주히 지나쳐 간다
그 속에서도 누군가

쏟아지는 태양빛에 열꽃이 돋을까
창 넓은 모자를 씌워주고
칼바람에 몸이 갈라 질까
목도리를 둘러 주고 털 양말을 신겨준다

곁을 지키는 빈 의자에게 묻는다
아무 일도 없었던 그날로 돌아갈 수 있을까
죄 지은 자 참회의 눈물을 흘리며
끝내 풀지 못한 매듭을 풀 수 있을까
의자는 쓸쓸히 웃는다
하지만 소녀를 기억하는 따뜻한 마음들이 있어
소녀는 이 자리를 지켜내기로 한다

모든 딸들에게

안동권씨 충렬공파 38대손
맏며느리의 자리를 겁없이 수락했다
시집살이의 위력은 기세가 등등했다
꿈에서도 본 적이 없는 삼 대 기제사를 모시며
해마다 달력에 동그라미가 가득했다
몸을 쪼개어가며 동동거렸고 경솔했던 오만을 후회했다
고립된 섬에서 휘청거리는 나무가 되었다
물이 닿지 않는 모래땅에서 서걱거리며 말라갔다
구조를 요청했으나 아무도 오지 않아 혼자 탈출을 시도했다
죄책감에 시달리던 장남의 무게는 발목을 붙잡았다
내 편이 없는 남의 편 속에서 나는 벽을 세우고 문을 닫았다
오랫동안 문은 열리지 않았다

그렇게 난 엄마가 되었다
세상이 온통 환희로 가득찼다
내 품에 와준 영롱한 별들을 지키기 위해 보호막을 쳤다

늪에 빠지며 만신창이가 되어 쓰러졌다
어버이날 딸아이가 써준 깨알 같은 손편지의
엄마를 존경한다는 문장이
엄마처럼 열심히 살겠다는 문장이
삐뚤거리며 그린 수많은 하트가 나를 살렸다

이제 자식들은 둥지를 떠나 저마다의 하늘을 날고 있다
나는 빈 둥지를 지킨다
고단한 하루를 접고 둥지를 찾는 딸의 흠뻑젖은 날개를 본다
하고 싶은 일도 할 수 있는 일도 점점 줄어든다
버팀목이 되려다 걸림돌이 될까 주변을 살핀다
한 생를 견디며 일출과 일몰의 사이가 길어진다
주름진 슬픔이 느닷없이 문을 두드린다
그런 날 세상에서 유일한 어머니가 보고 싶다
딸이었고 아내였고 며느리였던 어머니
어머니의 어머니
어머니로 살아가는 세상의 모든 딸들에게 가슴이 저리다
어머니여서 감당해야 할 외로움과 그리움을 기꺼이 사랑한다

보령 바다에 안기다

지워지지 않는 말들 지우고 싶을 때
사는 일이 막막하여 심장이 조여올 때
느닷없는 그리움이 밀물처럼 밀려올 때
나는 너에게로 간다

모래톱 위로 머무는 바람 물큰한 갯내음
도시의 오래된 울렁증이 가라 앉는다

너는 천 개의 파랑으로 몸을 감싸고
천 개의 너울을 숨긴 채 고요하기만 하다
엉클어진 얼굴로 너를 붙잡고 주저 앉으면
너는 섣부른 충고도 어설픈 위로도 건네지 않고
잔잔한 숨결로 나를 듣는다
나는 너의 고요한 파랑 안에 물들어 간다

갈매기 울음소리 끼룩거리고
저녁 해가 갯벌 위에 눕는다
세상의 모든 흔적과 허물을 묻고
어깨를 들썩이며 마시는 붉은 낙조 한 잔

너와 얼굴을 맞대고 술잔을 부딪친다
너의 부드러운 속살을 어루만진다

김 영 숙

신발의 변천사 외 5편

김 영 숙

짚신에서 시작된 아버지의 삶
초가집 마당 먼지 이는 흙길을 두 발로 묵묵히 걸어가셨다

말끔히 닦아 댓돌 위에 곱게 올려둔 하얀 고무신 한 켤레
외출을 다녀오시면 손에 알사탕 몇 개 꼭 쥐여주시던 그 손길
검정 고무신은 물길을 따라 땀방울을 밟으며 논두렁을 걸었고
흰 고무신은 마을잔치 발걸음 위에 흔한 기쁨처럼 얹혀 있었다

세월은 흘러 가죽 구두를 신으신 아버지
중절모를 쓰고 깃을 여미며 오일장을 다녀오시던 모습
약주 한 잔도 못 하시면서 친구들 불러놓고
안주를 푸짐하게 챙기시던 그 마음

짚신으로부터 고무신을 거쳐 구두에까지 이르는
한 세기를 걸친 아버지 신발의 변천사를 기억하며
눈 온 날 밖으로 나란히 걸어간 아버지의 발자국

그 위에 현실로 놓여있는 형형색색의 신발
나를 물끄러미 바라본다

배추꽃

활짝 웃으며 그가 건네준 연둣빛 배추 모종
수줍은 아이처럼 고개를 들지 못한다
땅이 좋아야 잘 자라는데 어쩌랴
가장 넉넉한 화분을 골라 그들을 품어준다

그는 계단을 오르내리면 물뿌리개를 들고
이슬비가 되어주고 소나기가 되어준다
매일 새벽 온유한 사랑 한 줌을 더한다
떡잎은 어느새 떨어지고 햇살에 눈을 맞춘다

파릇한 땅 맛이 오르고 줄기마다 생기가 번진다
어느날 푸른 잎 그물처럼 구멍이 뚜렷이 새겼다
그는 약사 같이 소주에 사카린을 탄다
살충제 만들어 샅샅이 뿌려 준다

사랑을 먹은 새싹들은 옥토를 만난 듯
겹겹이 초록이 꽃송이처럼 피어난다
찬 서리가 내릴 무렵 가슴이 스친다
그는 조심스레 뽑아 올려본다

〈

겉절이를 담아볼까 포기김치를 해볼까
김치꽃 피워야지 김칫속을 준비해보자
무 당근 쪽파 생강 마늘 사과 밤 대추 배와 파프리카까지
고운 채 썰어서 속을 안기고 미나리 리본을 매어준다

정성들여 기른 배추 오늘 밥상 위에서
따뜻한 꽃으로 피어난다

못다 이룬 사랑

이번 달 첫 주중에 그녀의 생일이 있었다
전화벨이 울린다
옥구슬 이슬 같이 맑은 목소리
할머니 미역국 먹고 싶어요

이심전심일까
내가 직접 끓여 주고 싶었는데
전화를 했다
양지머리 담백한 국물 보양식을 끓여서 갈까
가서 끓일까

온다던 그녀
고3의 바쁜 일정 속에 끝내 확답은 없었으나
마음이 바쁘다
서울에 볼일이 있어 그틈에라도 가보련다
보고 있어도 보고 싶은 사랑
그 순간 시계 초침 소리에도 귀기울인다

그녀는 힘들고 외로울 때면 속삭여준다

할머니 미역국 된장찌개 먹고 싶어요
세상에 어떤 음식보다 내 손맛이 좋다며
수능시험 앞두고 시간에 쫓기듯 달려간 아이
밝은 해님같이 활짝 웃던 맏별이 가족의 얼굴

서울역에서 걸려온 짧은 전화 한 통
1분 1초마다 그리움이 조여온다
언제라도 따듯한 밥 한 끼 진수성찬으로
그 마음 감싸주고 싶다

동반자의 길

1.
천릿길 완행열차 밤 새워 도착한 길
인파에 시달리다 사람들 내려오는 역
고향엔 밝은 햇살은 동이 트며 날 반기네
그 시절 참 멀고도 머나먼 천릿길이었지
오늘도 그대와 나, 동반자의 길을 가네

2.
이젠 ktx 타고 창밖을 여유롭게 바라보네
달리는 기차여행을 그대와 함께 가네
차창 너머 넓은 들 한눈에 담고 가네
그 소녀는 그대 곁에 동반자의 길을 가네
오늘도 그대와 나, 동반자의 길을 가네

3.
내 발길 오가는 곳에 잠시 멈춘 시간
이 길이 멀다 해도 함께라면 멀지 않네
잊고 살던 기억이 살며시 말을 거네

쑥대밭 빈마당 위에 바람이 스쳐가네
오늘도 그대와 나, 동반자의 길을 가네

보령 해변의 향기

여름을 기다리는 한여인 같이
바다는 조용히 숨을 고른다
불꽃같이 타오르는 태양 아래
머드 축제가 열리며 웃음꽃 피운
사람들 쌍쌍이 바다를 찾는다

날이 흐르고 세월이 흘러가도
다시 거닐고 싶은 대천해수욕장 해변
내 마음은 여전히 그곳에 머문다
쪽빛 바다 위에 갈매기 춤을 추고
맑은 하늘은 그 날갯짓을 품는다

밀물과 썰물 기적처럼 밀어올리고
홍해를 가른 모세 이야기가
파도 속에서 되살아아나는 무창포 바닷길
넓은 백사장 위 사람들 인어같이 누워
갯벌의 품에 자신을 맡긴다

진흑 속에 피어난 온유의 사랑

머드처럼 스며드는 치유의 빛에 시간이 눕는다
대천바다 갯벌 냄새
동서양의 마음이 어울러져
문화의 생명이 숨쉬는 보령 바닷가

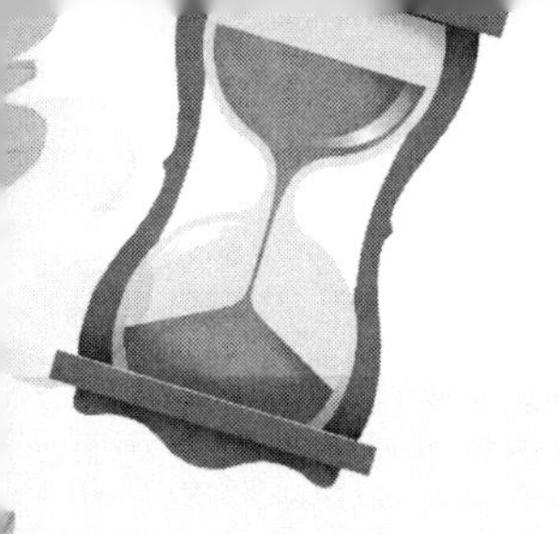

김의숙

구름을 불러 타다 외 4편

김 의 숙

세일이라며 외쳐대는 이불 한 채를 사왔다

줄기차게 울어대던 매미들은 어디로 가고
찬바람이 살짝 나면서 밤엔 귀뚜라미 울음 소리 들린다
파란 하늘에 뭉게구름 피어오르는 창넓은 창가에 앉아 시를 쓰고 있다
오늘 특별한 모임이 있는 날이니 빨리 나오라며 친구에게 전화가 왔다
모임장소는 남장대* 넓은 너럭바위
시 쓰던 노트를 접어놓고 남산을 올라가니 친구들이 모여 있다
다복이 종순이 경숙이 손숙 병윤이가 왜 이제 왔느냐며 반긴다

오늘은 하늘나라를 여행하는 날
하늘에 떠 있는 구름들 중에 가장 큰 뭉게구름을 불러 탔다
우리가 타자 구름이 가볍게 두둥실 떠오른다 날개옷

을 입은 것 같이 폭신하다
지나치는 구름 위에 다른 사람들이 삼삼오오 타고 있다
이곳저곳의 구름들을 옮겨 타면서 시간가는 줄 모르고 한참을 놀고 있는데
구름 아래에 있는 반짝반짝 빛나는 별빛이 황홀하다
저곳은 어디일까 궁금하여 구름을 모는 선녀에게 물어보니
저 별은 당신들이 살고 있는 지구별이란다
이제는 우리 내려갈 시간이 되어 간다
하늘을 여행하던 사람들이 타고 왔던 구름을 다시 갈아타니
살짝살짝 바람에 하강하며 남산 소나무가 반기는
남산 남장대 너럭바위에 내려준다

눈을 뜨니 새로 사온 이불에서 자고 있었다

* 남장대 : 강화도 강화산성 남산 정상에 있는 관측지휘소

품앗이

밀짚모자를 쓴 동네 아저씨들이 우리 집 마당으로 모여든다
지게를 지고 갈퀴와 낫도 챙겨오셨다
오늘은 우리 집 품앗이로 나무하는 날
어머니가 담그신 막걸리 한 사발씩 마신 후에
아버지와 함께 돌삼재* 산으로 올라가신다

소나무 많은 그 산엔 솔잎과 솔방울이 노랗게 쌓여 있다
소나무 아래 상수리나무 진달래 싸리꽃나무도
올겨울 땔감으로 베어질 것이다
꽃보다 더 고운 색을 자랑하던 작은 나무들
다음산에 가면 다 잘려나가 보이질 않겠지

어둑어둑한 무렵에야 커다란 나뭇짐들을 지고 내려오시는
아버지와 진미산 삼촌과 이웃아저씨들은
앞이 보이지 않을때까지 나무짐을 나르고 또 날라
앵두나무 뒷곁 밭에 높다란 큰 나뭇누리를 싸놓으셨다

그해 겨울 우리 가족은 나뭇누리 덕에
따뜻하게 보낼 수 있었지

저멀리에서 큰 나뭇짐을 져나르시던 아버지가
아무런 말씀도 없이 미소만 지으신다

* 돌삼재 : 진미산. 지역에서 부르던 지명

은하수길를 따라가다

엔진소리와 함께 어두운 밤하늘을 날아오른다
하늘 아래 도시의 불빛은 따뜻한 정감을 주며 화려하게 펼처진다
밤에 피어났던 구름꽃 실루엣 어둠 속으로 숨어들고
검은빛 바다 위를 높이 날아올라 기류를 탄다
언제부터 따라왔는지 초승달 지칠 줄 모르고
하늘길을 비춰준다

비행기 내에서 어깨를 기대인 그대와 나의
찰랑이는 와인잔 속엔 지나온 삶의 여정이 속삭인다
밤하늘에 반짝이는 수많은 별들이
가까이서 은하수 꽃길을 만들어주며 어둠 속 빛의 향연이
태평양을 건너면서 하늘 위에서 펼처진다

밤비행의 극치는
달도 별도 반짝이며 쏟아지는 사이로
밤배가 되어 은하수 길을 건너는 신비로움을 즐기며
감성 여행의 감미로움에 푹 젖어드는 것

조금 후면 다낭의 에메랄드빛 고운 바다에 갈 수 있겠지
하얀 포말이 부서지고 야자나무 즐비하게 선
미케비치 해변에서 그대와 다정하게 손잡고
참방참방 물놀이를 하고 있겠지

북한강, 왈츠와 닥터만 커피숍에서

소리없이 흐르는 북한강은
어머니를 닮은 듯 편안하고 자애롭다
쪽빛 하늘가 뭉게구름들이 편안하게 쉴 수 있도록
한껏 품어안은 채 지친 내 마음을 쉼터로 내어준다
북한강을 산책하다 보면 빨간 벽돌집 강가에서
커피향기가 바람결을 타고 솔솔 날아와
나의 마음의 손을 잡고
클래식 음악 잔잔히 흐르는 커피숍으로 안내한다

창넓은 창가에 앉아
달콤쌉쌀한 커피 한 잔 앞에 두고
멋진 북한강 매력에 빠져들 때에
저 앞 계단 위에서 일광욕을 즐기고 있는 담쟁이 넝쿨
그녀가 반짝 눈 인사를 걸어온다
질서있게 줄줄히 철제 아치 위를
푸른 발자국을 남기며 올라가고 있는 그녀
사랑스런 초록의 잎들을 조롱조롱 달고서
온몸으로 커피향기를 음미하고 있다

때론 이곳을 찾는 이들의 사랑이야기에 귀기울이며
작은 미소로 축복의 몸짓을 보내기도 한다
커피향과 음악에 취하고 반짝이는
윤슬에 마음 모두 빼앗기고 있을즈음
담쟁이 한 잎 날아와 사랑의 편지를 전해준다

아픈 기억의 무창포

여름 휴가철이 되면 내 기억 저 아래에 숨어있던
남자아이가 나에게 찾아와 머물다 가곤 한다
많은 사람들은 질펀이는 머드를 온몸에 바르며
인종조차 가늠하기 어려운 해수욕 문화가
많은 여름 피서객들를 대천으로 무창포로 불러들였지

부푼 마음에 아이들 삼남매를 데리고
2박3일 일정으로 무창포에 도착하자
뜨거운 태양 아래 젊은이들의 열기가 파도를 넘는다
우리도 그들과 하나가 되어 튜브를 타며 축제를 즐기다가
석양이 곱게 내려앉는 어스름 저녁 무렵

우리 가족은 마트를 찾아나섰는데
한 아이가 갑자기 우리 차로 달려와
백미러에 이마를 부딪치는 사고가 났다

그날밤 그 아이를 병원에 입원시켜놓고
두 손 모아 간절히 기도하는 것밖에

나는 잠을 잘 수가 없었다
다음 날 우리는 해수욕을 즐길 기분이 나질않아
머드 화장품만 사가지고 집으로 돌아왔다

그 아이 지금쯤 멋진 아빠가 되어 있겠지
여름 휴가철이 되면
아픈 추억의 그 아이가 걸어나온다

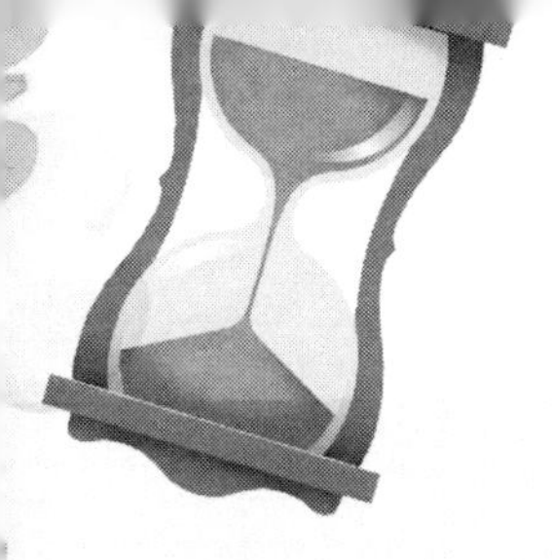

김 종 원

갯벌의 송가 외 4편

김 종 원

그대는 한 곳에 붙박혀 집을 지키는
수컷 농게의 완강한 집게발을 다독이며

오글오글 바지락 긁는 호미 소리에
아낌없이 베푸는 인정이 가득하다

쉼없이 뒤집어대는 집게들의 수고를
한 번에 덮어버리는 밀물을

목마르게 기다리다가 고이 돌려보내는
그대의 여유(餘裕)는 석화(石花)처럼 아름답다

잿빛 가슴에 쌓인 앙금을 순화하여
생명의 꽃을 피운다는 건 예삿일이 아니다

서로 자양분을 나눠 먹고 살아감은
연민의 공덕이 아니던가

부드러운 속살을 어루만지는 손길은

원초의 낭만처럼 황홀하다

사람들의 소박한 웃음소리를 포말로 내놓는
그대는 희망을 심는 질펀한 공생의 일터다

진득한 정으로 발을 붙드는 그대는,
사념의 늪을 다스려 희망을 품고 있다

전설이 된 일상(日常)

할아버지는 뜨락에 감나무를 심었다
할머니는 뒤뜰에 아주까리를 심었다
아버지는 큰 밭에 토마토를 심었다
어머니는 밭가에 푸성귀를 심었다

할아버지는 벽장에 선대의 위패를 올렸다
할머니는 지붕에 튼실한 박을 올렸다
아버지는 대문 위에 왕머루를 올렸다
어머니는 토담 위에 찔레덩굴을 올렸다

할아버지는 곰방대를 빨며 밤을 새운다
할머니는 물레를 저으며 밤을 새운다
아버지는 주판알을 튕기며 밤을 새운다
어머니는 바느질을 하느라 밤을 새운다

할아버지는 뜬눈으로 저승길을 기다린다
할머니는 영감이 시조를 읊어주길 기다린다
아버지는 애타게 추수할 날을 기다린다
어머니는 큰딸 시집보낼 날을 기다린다

이제는 모두 고향의 양달 밭에 누워 계시고
형제들도 사라져 후손들은 세월 따라 살아간다
삼랑 뒷기미[*] 나루터를 나 홀로 걷노라니
별들이 소근대는 하늘 아래 아련한 옛이야기가 들려
온다

* 삼랑 뒷기미 : 경상남도 삼랑진에 있는 낙동강 나루터

삼랑진 나루에서

1.
낙동강 강나루를 나 홀로 걸어가면
바람에 실려오는 쇠망치 소리에
가야의 애환들이 은은히 들립니다

유장한 강물 위에 비치는 옛 영웅들
못 잊어 못 잊어서 고개를 숙입니다

2.
작원관 나루에서 산마루 바라보면
아득한 절벽 위에 산까치 우짖어
순국의 충혼 앞에 두 손을 모읍니다

유장한 강물 위에 비치는 옛 영웅들
못 잊어 못 잊어서 발자국을 멈춥니다

3.
뒷기미 조창터에 발길을 멈춰서면
물길에 스며드는 뱃사공 노래에

번창한 그 시절을 목메게 부릅니다

유장한 강물 위에 비치는 옛 영웅들
못 잊어 못 잊어서 가슴에 손을 얹습니다

천당 방문기

안데스산맥을 비행하다가 추락하여
저승사자를 만나 콘도르*를 불러 타고 천당을 구경한다

이 동네는 사람이 거주할 집이 없어 스산하네
분양이 안 될 줄 이미 알고 아파트를 짓지 않았나 봐
발가벗은 혼령은 아무 걱정 없이 산다지만
나이에 걸맞은 시근이 없어 희로애락을 모르고 사네

생일과 결혼기념일이 없어 외식도 한 번 못하고
죽은 듯이 평화로운 일상이라 만남과 유머가 어설프구나
월드컵 축제에서 환호하며 오징어 팝콘 씹는 맛도 없이
끝없이 엉겨 붙는 밋밋한 복을 누리는 권태로운 삶

아기 울음소리 듣지 못하고 박장대소할 일도 없는데
선량한 망자들은 무슨 재미로 여길 오겠다고 야단일까

천당가서 살자고 호객하는 장사꾼에게 타이르노니
사람들이 육신을 물리고 '영혼살이'를 익힐 때까지는
천당 자랑하지 마세요

* 콘도르 : 남미 안데스산맥에 사는 거대한 맹금류로 '하늘과 땅의 중개자' 역할을 한다는 새

홀짝 놀이

도사(道士)가 유리구슬 두 개를 쥐고
나에게 '홀, 짝'을 맞춰보라 합니다
힌트를 주고 틀리면 정신 차리라고
이마에 딱밤 한 대 준다네요

머루나무에 캠벨포도나무 접붙인 머루포도는
홀인가요 짝인가요
뿌리가 임자니 '홀'

짐승은 짝짓기하고 돌아서면 따로 놉니다
홀인가요 짝인가요
그놈 어딜 가도 혼자 못 살아요 '짝'

결혼해서 한방에서 몸을 섞다가 먼눈 팔며 설레발칩니다
홀인가요 짝인가요
바람둥이는 이혼해요 '홀'

하늘과 땅은 한 치의 틈새 없이 붙었습니다

홀인가요 짝인가요
높낮이 없는 지평선이 보이네요 '짝'

영혼이 육신을 헛바람 들지 않게 꽁꽁 싸맸는데
홀인가요 짝인가요
죽어도 혼이야 남지요 '홀'

결국은,
나는 이마에 붉은 별꽃을 달았습니다
정답은 없다네요

박 봉 흠

어느 유튜브 외 4편

박 봉 흠

지난 주 토요일 우리 점심 시켜 먹자
남편은 짜장면을 아내도 짜장면을
남편은 우동 국물도 먹고 싶다고 했다

아내에게 슬쩍 우동을 좋아하지 묻자
그녀는 전날 회사서 먹어서 싫다 하고
남편은 면은 불어 싫고 국물만 먹고 싶단다

우동과 짜장면을 시켜 나눠 먹기로 했다
배달이 되자 남편은 짜장면만 먹었다
아내는 화가나 우동을 쓰레기통에 버렸다

아내가 고집 세고 감정적이고 예민하다
남편이 이기적이고 자기주장이 강하다
부부는 서로 맹공격해 한동안 냉전이다

두 젊은 부부 극한 상황으로 가고 있다
댓글에는 사랑과 현실을 알아야 한다
짜장면 둘에 우동 국물 좀 달라하면 될 것을

〈

댓글은 왁자지껄 불이 활활 붓고 있다
일찍이 헤어져라 성격은 못 고친다
이혼을 꼭 해야 하나 표결에 붙어 봐라

남의 집 닭싸움에 신바람난 사람들
부부는 서로의 잘못임을 깨달았다
사랑은 용서와 이해 옹이를 안 남기는 것

서로가 사랑하고 있음을 느낀다
부부은 화해의 중요성도 알게 되었다
서로가 소중한 사람 두 손을 꼭 잡는다

눈이 쌀이라면

쌀 한 포를 마트에서 주문하고 돌아선다
바람이 휘이휙 불며 양볼을 휘어갈긴다
현금이 있어도 쌀이 떨어지면 허기진데

여러 곳 돌아서 온 배달차의 쌀포대
배달원 어깨 위에 뒹구는 흰눈덩이
커튼을 열어 제치자 펑펑 쏟아지는 첫눈

내일 아침 출근길은 미끄럼틀 되겠지만
저 눈들이 쌀이라면 포대에 가득 담아
배고픈 검은 대륙의 아이들에게 전하고 싶다

항아리의 은은한 기쁨

정성으로 손수 빚은 연분홍색 석류주
청자빛 그녀를 가슴에 보듬어 안고
오작교 건너오는 님 마중을 나간다

흰구름차 타고오는 멋지고 그립던 님
만날 생각 들뜬 마음 온 밤을 지새웠다
기다린 칠월칠석이 애간장 붉게 탔다

은은한 향 석류주 옻미담에 따라서
건배를 부르면서 마시는 술잔 속에
눈물이 이슬이 되어 분홍으로 아롱진다

우주 여행 떠나자

1.
별 따는 배낭 메고 우주로 여행 가자
꽃구름 로켓 타고 별나라로 날아가자
그대여 떠나 가보자 떠나 가보자 우리 함께

〈후렴〉
라라라 랄랄랄랄랄 라라라라 랄랄랄
라라라 랄랄랄랄랄 라라라라 랄랄랄

2.
떠나자 우주여행 우리는 마니아다
우주로 함께하는 그대여 나의 사랑
생각이 꽉 들어차는 배낭이 두리둥실

라라라 랄랄랄랄랄 라라라라 랄랄랄
라라라 랄랄랄랄랄 라라라라 랄랄랄

3.
내 곁에 그대 있으면 세상쯤은 겁 안나
내 마음은 생각하는 에너지 발산한다
그대여 떠나가보자 떠나가보자 우리 함께

라라라 랄랄랄랄랄 라라라라 랄랄랄
라라라 랄랄랄랄랄 라라라라 랄랄랄

대천해수욕장에서

캄캄한 밤바다가 끝없이 펼쳐지고
달 없는 방파제 모래사장 반딧불 같은
그 불빛 아래 기타맨이 연주를 하고 있다

바다를 가로질러 하얗게 밀려오는
촉촉한 모래밭은 밀물 썰물 안았다
내주는 어머니 마음 같은 하얀 모래사장

일출은 또 다른 감성을 말아올린다
회색빛 수평선 온 우주 붉게 물들이고
바다는 에메랄드빛 태양을 삼키고 있다

끝 없는 바다 잔잔한 은빛 물결
갈매기 떼 날으고 윤슬이 반짝인다
작은 배 작은 섬 향해 자유롭게 내달리고

푸른빛 먹고 사는 저 바다의 작은 섬
웃음이 함박꽃처럼 파도치는 보령바다
그 섬에 사는 사람들 마음 바다 같으리

〈

방파제 언덕 위에 앉아 듣는 기타소리
낭만을 가슴에 가득 안은 사람들은
바다를 바라보면서 행복한 꿈에 젖는다

박 정 현

까똑의 비명 외 4편

박 정 현

쏴…
소리 없는 소리들이 여기저기 바람인 듯 모여 나돈다
골목 골목으로 빌딩들 숲 사이 사이로
이 아파트 저 아파트 아래 위로
하늘길 드넓은 길을 뚫고
사람들의 가슴속으로 쉼없이 질주하듯 들락거린다

1.
조용한 아침 부터 시작되는
연인들의 진한 하트 울림

잘잤어 까똑
응 그래 너도 잘자고 내꿈꿨어 까똑
그럼 잠 속에서도 너랑 같이 있었지 까똑
사랑해 사랑해 까똑
흐응 그랬어 나도 마찬가지지 아이 러브 유 까똑
붉은 하트선이 가득한 까똑들의 사랑이야기

2.

어제 댓바람으로 부부싸움을 한 302호 여자
어디에다 이 분통을 풀어야 하나
똘이 엄마 506호야, 까똑
506호면 내 속풀이 하기에 가장 적격이다
기다려도 답이 없다
뭐하고 있는데 답이 없냐고 다시 보내기는 존심이 상한다
응 웬일이야, 까똑
자기야 지금 뭐해, 까똑
나 지금 다 내보내고 뒷정리 중이지 아이구 지겹다, 까똑
그래 그럼 우리 만나서 커피 마실래, 까똑
그래 좋지, 까똑
오케 이 그럼 거기서 조금 있다가 보자, 까똑
만나서 못다 푼 분통을 수다로 풀어야지
생각만해도 분한 것도 잊고 신바람이 난 아줌마

3.

오늘 연말 송년 모임
아줌마 부대들의 소란스러운 소리들
얘 우리 오늘 어디서 만난데, 까똑
기다렸다는듯이 금방 오는 답

응 거기 있잖니 맛있다고 소문난 맛집이래, 까똑
어딘데, 까똑
나도 잘 모르겠어 회장한테 물어봐야겠다, 까똑
근데 나 오늘 뭘 입고 나가지, 까똑
나도그러네 뭘 입냐, 까똑
날은 왜 이리 더운 거야, 까똑
한겨울 옷 입기는 그렇지, 까똑
그래도 어쩌것어 겨울이니, 까똑
근데말야 숙자는 또 명품차려 입고 오겠지, 까똑
그래 봤자지 그 뚱뚱한 몸매에, 까똑
그래 네 말이 맞아 명품이 아깝더라, 까똑
아침밥 짓다 말고 수다 다 풀은 중년 여인네들의
어수선한 까똑소리

4.
오늘은 설레는 귀한 첫손자 돌잔치하러 가는 날
손자 안고 더듬으며 무딘 손끝으로 활자를 찾아보내는 둔탁한 울림
둘째딸은 늘 늦게사 와서 며느리 보기가 민망스럽다
순자야 오늘 늦지 않게 와라, 까똑
네 엄마 알았어요, 까똑
너는 늘 늦으니께 오늘은 서둘러 오랑께, 까똑
알았어요 엄마 나 지금 바빠, 까똑

믿음이 안 가 한참을 더듬대다 또 보낸다
그러니께 빨리 서두르라고, 까똑
답이 없는 딸이 답답해 또 보낸다
왜 답이 없냐, 까똑
아 알았다고요 지금 애들이랑 박 서방 출근도 해야
하고 바빠죽겠는데, 까똑
짜증스러워하는 딸에게
왠지모를 서운함이 들어 서러움에 울컥이는 중노인

까똑 까똑 까똑…
이것 뿐이랴
오늘도 수많은 인간 세상 속을 오가며 헤매는 까똑은
너무 힘이 들고 지쳐서
오늘도 어떻게 견디어 낼까
태산 같은 걱정으로 아침을 맞는다

전철에서 생긴 일

저만큼 전철 달려오는 소리가 들린다 3호선 충무로역, 키가 훌쩍 크고 머리색이 진한 갈색인 뽀얀 얼굴의 아가씨 하나가 연신 작은 손거울을 꺼내들곤 속눈썹을 고르고 있다 스물서너 살 쯤 앳된 여자 야리하고도 참 곱다

금방 도착한 열차에 나는 문입구 좌석에 앉는다 그리고 손에 쥐고 있던 거울을 들어 내 얼굴을 들여다보니 빛이 돈다 참 이쁘다 너울거리는 끈 드레스 속 뽀얀 목덜미가 건너편에 앉아 있는 중년 남자의 시선에 간지러움을 탄다 그래도 나는 그저 늘어뜨린 갈색 머리결을 쓰다듬으며 눈웃음을 짓는다 조금 전에 따라붙던 어떤 녀석을 그냥 모르는 체 했던 것도 긴 롱다리에 신고 있던 10센티의 하이힐로 사뿐히 명동길을 걸었던 그 싸함도 좋다 여기저기 전철 안에 있는 사람들의 나를 처다보는 눈길이 하나둘 나에게 다 모인다 정말 내가 그렇게 이쁜가

다음역에서 '쫘'하게 전철 문이 열리고 백마에서 막

내린 훤출한 남자가 들어선다 어렴풋이 연예인 같은데 기억이 나지 않는다 대단한 광채가 그를 둘러 싸고 있다 그런데 성큼성큼 내게로 와 손을 내밀며 함께 춤을 추자고 한다 이게 꿈인가 생시인가 나의 긴 드레스옷이 춤출 때 참 잘 어울리겠다고 한다 기분이 날아갈 듯 황홀하다 그와 손을 잡고 지하철 안에서 너울너울 춤을 춘다 어디선가 들려오는 아름다운 음악 소리에 사뿐사뿐 나비처럼 날아다니며 이리저리 날개를 젓는다 박수 소리 요란하고 환한 조명빛이 청아하다 나는 그의 어깨에 기대어 황홀한 춤 속으로 빠져든다

그때 휑한 바람이 인다 전철 문에서 사람들의 들고 나는 바람결이 얼굴을 스친다 눈을 살짝 뜨니 옆자리 남자의 어깨가 보인다 내가 그의 넓직한 어깨에 얼굴을 기대어 자고 있지 않는가 고개를 들고 둘러보니 사람들의 모습이 생소하다

에구구, 몽롱한 꿈을 접고 정신없이 닫히려는 문을 밀며 뛰어내린다

여기가 어딘지 알 수 없고 다만 늦여름 뿌연 전철 불빛이 노안의 나를 덤덤히 비추고 있을 뿐이다

어떤 생(生)의 마감을 엿보다

어느 공원숲 넓은 공터 위 수많은 군상들
그 곁에 하얗고 뽀얀 속살들이
굵은 쇠창살 속에서 마른 숨소리를 내며 헐떡이고 있습니다

한 톨의 티끌조차 묻지않은 고운 것들이
흐트러진 채로 칙칙한 흙더미 위에 나동그라져 있습니다

검붉고 혼란스러운 커피
야릇하고 달짝지근한 탄산수
이 손 저 손으로 오고갔던 텁텁한 막걸리
맑고 깔끔한 청정수라
그리하여 한 잔의 독주를 마십니다
그 향은 참으로 달콤했습니다

그 잔을 채우기 위해 기억조차 나지 않는 수많은 날들
살을 비집는 아픔을 견디어낸 날들
그리움에 지친 길고도 긴 여정 끝

숨차게 밀리어 도달한 종착지였어요

오직 단 한 번의 입맞춤만이 허락되나요
두 번은 안 되나요

한 잔의 독주로 입맞춤을 끝내고
한 번의 사랑을 끝으로 뽀얀 살빛을 내 보인 채
영원한 안식 속으로 그는 철저히 살처분되고 말았습니다

종이컵인 그는
결국 그리되고야 말았습니다

아린 소망

붕어 가족들 두 눈을 동그랗게 굴리며 말을 건넨다
수족관의 작은 풀숲 속
오늘도 바닷내 나지않은 좁은 바다를 한없이 오르락 내리락 헤엄치기에 열중이다
너무 많이 오르내린 탓일까
금빛 비늘이 은빛으로 바래버린 아빠 금붕어는
이제 은붕어가 되어 버렸다

수족관 속 금붕어 가족들
그녀 집에 온 지 어느새 몇 년째다
열두 대가족은 이제 아들 딸 둘만 거느리고 단출하게 살지만
모두 다 자라 이제는 어른이 되어 분가해도 되련만
붕어 부부는 그것도 모르는 채 여전히 헤엄치는 법만 가르치고 있다

그들의 큰 소망은 가족과 함께
풋풋한 갯내 풍기는 고향으로 돌아가는 것이다
오늘도 그 꿈을 이루기 위해

좁은 수족관 안에서 부지런히 헤엄치고 있다

그녀도 언제쯤 그들을 떠나보낼 수 있을까
붕어처럼 소망을 품은 아린 마음으로
오늘도 수족관을 물갈이하고 있다

환상 속의 신부

그녀는 바람이 썰렁하게 부는 11월의 어느 예식장
웨딩홀 한켠에 조용히 자리를 잡고 앉아 40년 전의 꿈을 꾼다

그녀의 하얀 드레스 자락은 민소매의 얇은 레이스가
팔둑선을 가볍게 스치며 흘러내려 아름다움을 한껏 품고 있다
등뒤로 길게 이어진 드레스 자락은 영국 황태자비를
닮은듯 우아했고 머리 위의 공작새처럼
화사한 꽃장식은 하늘나라 천사처럼 팔랑거린다

그녀는 신부 대기실을 나와 사람들로 복작이는
웨딩홀 중앙으로 사뿐하게 걸어 나온다
곁에서 드레스 자락을 고이 펴주는 직원의 손길조차 신비롭다

여기 저기 박수와 환호가 터진다
한 걸음 한 걸음 숨 막힐 만큼 황홀하다
저만큼 키 큰 신랑은 은은한 미소로 눈짓하며 오라

손짓하고 있다
그녀는 꿈을 꾸듯 그 앞으로 살포시 걸어간다
향긋한 국화 향기 코 끝에 맴돌며 잔잔하게 흔들린다

와 신부가 너무 이쁘다 하늘에서 내려온 천사 같아
어디서 저런 신부감을 찾았을까
신랑도 멋지네 총명하게 생겼어 키가 백팔십이 넘는다지
야 잘생기기도 했어 두 사람 천생연분이네
그려 그러네

그녀는 홀 중앙 테이블에 앉아 살짝 눈을 감았다 뜨면서
플래시가 터지는 천상의 나라로 꿈을 꾸듯 날아다닌다

짧은 웨딩을 마친 뒤 그녀는 촘촘히 아랫층 답례식장으로 내려와
싱싱한 노르웨이산 연어회와 잘 졸여낸 갈비찜과
질긴 고기의 갈비탕을 먹고 총총히 집으로 돌아오는 중이다

이금선

거미의 처세술 외 4편

이 금 선

여기로 걸까 저기로 걸까 망을 보던 네가
은빛 영롱한 그물망 걸어놓고
하루 양식을 위한 기다림이 시작된다
걸어놓은 너의 은빛 그물망은
일제히 최면을 걸은 듯
스스로 찾아드는 온갖 것들을 엉겨들게 한다

아이구나 벼룩이 간을 내먹지
하루 사는 삶도 삶이라고 하늘거리며
나대다 걸려든 하루살이 운명
드라큐라 명 받고 돌격하다
에구구 머리 처박힌 저 불쌍한 모기놈
와아, 이번엔 또 한 놈 약은 듯
설레발치던 똥파리놈까지 죄다 걸렸네

너는 다시 사과나무 잡고 악수하듯 엉기고
대추나무 잡고도 척척 엉겨대는 모습을 보다가
이크륵 나도 그만 너에게 엉기고 말았네
열받은 나 싸릿가지 꺾어들고 요리조리

주리를 틀듯 돌돌말아 너를 고문하며
통쾌히 그들을 위한 복수라 변명한다

그러나 넌 또 춤을 추듯 흔들거리며
잽싸게 요리조리 이꽃저꽃 설래발치며
온갖 것에 덫을 놓는 통에
에구나 이를 어째 꿀따러 날아든 꿀벌
너마저 그 철옹성에 걸리고 말았으니
참 대단한 너의 삶의 방식 박수를 보내며
처세술도 함께 읽어낸다

쏠라똥 부부

허름한 리어카를 끌고 다니는 그 남자
귀부인을 태운 듯 세상 행복한 모습으로 온 시내를 누비고 다녔네
무수한 억측들이 춤을 추어도
초라한 행색은 더 이상 구겨지지 않았네
언제 흘러들었는지 시작은 모르지만
날마다 막힘없이 길따라 흐르고 흘렀다네
그들은 이름하여 쏠라똥 부부
사차원 언어를 구사해서 쏠라똥이 불리었네
온전치 못해 보여도 섣부른 판단은 금물
알아듣지 못할 영어는 외계의 언어였다네
쏠라똥 부부는 외계 백성임이 분명해서
사람들은 그 남자를 경계하기 시작했다네
머리가 너무 좋아 돌아버린 줄만 알았지
외계 백성이란 걸 누가 상상이나 했을까
제법 두둑한 배를 내밀던 귀부인이 혼잣몸이 아닌 걸 자랑하던
어느 날 그들은 홀연히 외계로 돌아가 버렸다네
그 후론 쏠라똥 부부는 보이지 않았네

쏠라쏠라 쏠랑거리며 다정한 모습으로 지낼 쏠라똥 부부
외계인 생각이 날 때마다 우리 부부가
쏠라똥 부부 이름을 종종 빌려다 쓰고 있네
외발 딸딸이에 무거운 짐을 싣고 언덕을 오를 때
누가 먼저랄 것도 없이 환호성 지르며
쏠라똥 부부를 흉내내고 있네

뽀빠이 57번 버스

타려는 사람보다 동네 수가 더 많다 그는 눈이 오나 비가 오나 응원하며 따라 다니는 마을동네 의리파들을 외면할 수가 없다 '자 그럼 우리 동네 하나하나 잡아 끌고 포천고등학교부터 출발해볼까', 빵빵

신읍11통 시청 별관 끌고 포천시청앞 끌고 포천축협 끌고 포천보건소 끌고 경기의료포천병원 끌고 물어고개 약수터 정상에 들려 타는 목마름을 시원히 약숫물로 갈증 해소하고 출발, 빵빵

상심곡깊이울유원지 끌고 맹호부대앞 끌고 심곡1리 끌고 하심곡사거리 끌고 소죽골 끌고 계류1리 끌고 칠월리고개 끌고 갈월2리새말 끌고 드디어 목빼고 기다린 나남수목원 앞에 반갑게 달려온 그에게 살며시 윙크하며 사랑 가득 싣고 출발, 빵빵

신배골 끌고 허브아일랜드 끌고 삼정1리 끌고 농협마트 끌고 새청삼거리 끌고 금동2리지동 끌고 아랫새창길 끌고 덕둔2리목장 끌고 따봉나루터앞 끌고 다래골 끌고

우리들은 지친 심신 달래자며 신북온천 들려 온천욕 즐기고 시원한 식혜 한잔 쭈욱 들이켜고 다음 목적지를 향해 아우성치는 차창밖 풍경들을 뒤로한 채 출발, 빵빵

휴양소앞 끌고 열두개울 끌고 초성4리선녀상회 끌고 우리는 예루살렘수도원을 지나며 잠시 묵념하듯 모두의 안전을 위해 두손모아 기도하며 다시 글로벌하게 흑인 백인 동남아인 가리지 않고 모두 끌어안고 또 다른 목적지로 출발, 빵빵

초성4리법수동 끌고 초성공업사 끌고 초성리역 끌고 마니커 끌고 안말승전교 끌고 부대앞 끌고 하봉암동 끌고 상봉암동 끌고 와하 드디어 우리를 손꼽아 기다려주는 소요산역 품으로 모두 달려 든다 그러나 기쁨도 잠시 이별의 시간 애써 눈물 감추며 소요산 역사 안으로 잽싸게 숨어 든다, 빵빵

이루지 못한 사랑

그대를 생각하면
언제나 내 가슴속은 텅 비어져 바람만 머물다 갑니다
창밖 보름달 속에 그대 모습 그려 놓고
찰나의 시간에 미소를 머금다
벽에 걸린 모자를 바라보며 핑도는 눈물 어쩌지 못해
다시 보름달 속에 감춰 버리고 서성입니다
그대와 고려대학교 개운산 산자락에
열린음악회 공연 함께 관람하며 즐거워하던 지난 추억들
지금은 같은 공간의 강의실에 혼자 앉아 있는 나를 바라보며
또 다른 추억으로 달립니다.
그대와 함께 거닐던 설악산 골깊은 산자락
뉴설악 호텔 커피아줌마 에피소드
모두 다 표현하지 못하는 많은 추억들이
그리운 눈물 강되어 함께 했던 인구바다로
대왕암 바다로 흘러 보내려 애쓰며
어려운 숙제 풀 듯 풀어냅니다
그대와 이루지 못한 사랑

그러나 잊지 않게 하옵소서
세월의 때가 무겁게 내려 앉아
그대가 남기고간 온갖 흔적들로 과부화가 일어도 좋으니
제발 그대와 나눈 모든 시간들은
잊혀지지 않게 하옵소서

밥이 나와 떡이 나와

고무줄넘기 사방치기 노느라 정신 없는데
어디선가 앙칼진 욕설이 뒤덜미를 잡는다
이 우라질 것들이 놀기만 하면
밥이 나와 떡이 나와 어서 빨리 집으로 못 가나

복장 터질듯한 한마디에 재미있던 놀이는
일순간 정지되고 서로 눈빛을 교환을 한다
끝도 없이 시작되고 이어지던 놀이
아이들은 약속이나 한 듯 죽기살기로 내달린다

땅따먹기 딱지치기 공기놀이
못다 한 놀이는 계속 이어지는데 어찌 알아냈을까
또다시 귀에 익은 욕설이 고막을 찢는다

이 우라질 것들이 그저 노느라 눈들만 뻘개가지고
그만이 놀았음 됐지 밥이 나와 떡이 나와
퍼뜩 집으로 안 가고 뭘해
두고 봐라 밥 한 톨 주나

최후통첩에 혼비백산하며
아쉬운 마음은 천근만근이다
화풀이하듯 무거운 발걸음에
돌부리를 툭툭 차며 터덜거리며 돌아선다

이 동 재

무스탕 점퍼와 초승달 외 4편

이 동 재

새벽 찬 공기가 제법 옷깃을 여미게 한다
삼십 년 전 무스탕이 유행하던 시절
아버지께 고가의 점퍼를 사드렸다
시골 동네에서 딸이 사주었다고 자랑이 늘어지셨다
그때부터 아버지는 어깨에 힘주고 출타하셨다
그러나 겨울이 가기 전 헤어지는 아픔을 겪었다
사랑도 제대로 못해보고 사이가 끝나 버렸다
모두가 잠든 새벽 원인 모를 불이나
속옷 차림으로 모든 것을 내려 놓아야 했다

모든 살림 살이 불에 탄 아쉬움보다
한 해 겨울도 입지 못한 아쉬움에 오랫동안 서운해하셨다
다시 더 좋은 것으로 사다 드릴 것을
이제 와서 후회를 해본다
딸이 사다준 옷을 입고 어깨에 힘주며 다니실
아버지가 안 계심에 목이 메인다

자식 고생 시킬까봐 늘 걱정하시더니

어느날 병원에서 조용히 하늘나라 가신 아버지
내일은 아버지가 가신 날이다
살아계신들 얼마나 잘 해드리겠냐만
안 계시니 후회되는 것이 한두 가지가 아니다
오늘은 아버지가 가슴 찡하게 보고 싶어
우두커니 밤하늘의 초승달을 바라본다

만병통치약을 꿈꾸며

왼쪽겨드랑이 뒷쪽으로 날개가 솟으려나 보다
찌르륵찌르륵 신호를 보낼 때면 심호흡으로 달래본다
연신내사거리에서 지은 한약이 효과있다는 말에
친구의 이십 년 지난 차에 동승했다
친구 차의 연식이나 내 몸의 연식이 비슷한가 보다
덜덜거릴 때마다 뼈마디 통증에 더하기를 하고 있다

이번만은 통증 빼기를 할 수 있겠지, 상상의 나래를 펀다
제발 치료 능력의 뛰어난 한약을 먹고 솟아나는 날개를 잠재우고 싶다
부실한 주춧돌 튼튼하게 보강해줄 수 있겠지
밖으로 휘어진 두기둥을 바로 세워서 각선미를 뽐낼 수도 있겠지
중부지방을 불법 점거한 지방 외세를 쫓아내줄 수도 있겠지

희망을 첨가한 한약의 대단한 효과를 기대하며
내일이면 건강한 모습으로 다시 태어날 수 있겠지

하고 환하게 웃었다
허리는 반듯해지고 각선미가 아름다운 여자로
통증에서 벗어난 내 모습을 상상하는 것으로도 행복했다

나는 모든 걸 웃어넘길 수 있는 나이라는 만병통치약을
한 해 한 알씩 먹으며 오늘의 통증을 즐기고 있다

항아리의 삶

나는 개미 허리를 이미 포기한지 오래다
그래도 마음은 언제나 푸근하고 이해심이 많아
모든 것을 허용한다
내 식욕은 잡식성이다
고추장 된장 간장, 주는 것 마다 하지 않고
사랑 받으며 일광욕을 즐긴다

때론 김치를 배부르게 먹으며
어디에 있든 넘치는 사랑을 받는다
매일매일 사랑스런 눈빛으로 닦아주고
지나가는 바람도 다정하게 어루만졌다

어느날 부터인가
난 플라스틱 아줌마에게 밀리고 김치냉장고 아저씨에게 뒷전이 됐다
지금은 내 꼬라지가 말이 아니다
언제 쫓겨날까 불안한 마음에 조신하게 숨을 죽인다

애지중지 사랑 받던 시절도 그립지만

나는 흙에서 왔으니
한 줌 흙으로 돌아가는 것이 당연한 것
오늘이 제일 행복하면 최고지
인생살이 뭐 애달프겠는가

양모이불에게

햇빛은 사라지고 별빛이 창가에 스며드는 그녀의 시간이다
낮동안의 외로운 휴식을 마감하고 따뜻한 온기를 내어며
그녀가 피곤에 지친 나를 쉬게 해준다

여름에는 인견이나 모시이불이 사랑 받는다
가을 겨울엔 화학솜보다는 목화솜 오리털이불을 선호한다
하지만 요즈음은 그녀가 대세다

나와 그녀 사이에는 몇 마리 양이 동침 중일까
양의 숨결이 느껴질 때 온기는 평안함을 유지시켜준다

여름휴가 때 대관령 양떼 목장에서
풀을 뜯는 양떼를 보았고 먹이주는 체험을 했다
몽골의 거대한 양떼 무리는 아니었지만
'곱슬거리는 저 털이 추위로부터 나를 보호해주는

원재료지'

하루를 바쁘게 움직인 나에게 최고의 휴식은
따뜻한 그녀에게 온전히 내 몸을 맡길 때다
오늘도 나는 그녀의 품에 안겨 꿈을 꾸면서 내일을
설계한다

"침대 위에서 함께 수많은 밤을 보낸
가장 가까운 친구야
늘 나를 감싸줘서 고마워"

목 메인 고구마

봄에 남동생과 고구마순을 사다가 심어만 놓고 돌보지 않은
시골집 텃밭에 고구마를 캐러 갔다
풀은 웃자라 고구마 덩굴과 뒤엉키며
서로 의지하며 살고 있었다

낮이면 뜨거운 태양과 마주하고
밤이면 이슬 맺힌 별이 친구였다
비바람이 전해 주는 세상 이야기를 들으며
어린 아이 젖물리며 쏠쏠하게 키워냈구나

이 집 주인도 알토란 같은 자식 다섯이 자라
모두 객지로 나가고 홀로 남아 사셨단다
긴 세월 동안 반질한 뜨락에 풀 한 포기 용납하지 않았단다
계절에 따라 예쁜 꽃들이 그득했던 마당은
팔순의 할머니 마저 떠나자
풀이 자라 주인 노릇을 하고 있었다

그들이 내 발걸음 소리를 애타게 기다려도
나는 바쁜 일상을 핑계삼아 모르는 체하다가
바람도 쐴 겸 요깃거리 챙기려고 갔었다

그런데 모질게 다 자란 후에 면회를 오다니
매정한 나를 빈손으로 돌려 보내지 않으려고
토실하게 손에 안기는
눈물겨운 배려에 미안한 마음이 앞선다
집 떠난 주인 마음 같아
홀로 잘 자라준 고구마를 삼키려니
목이 메인다

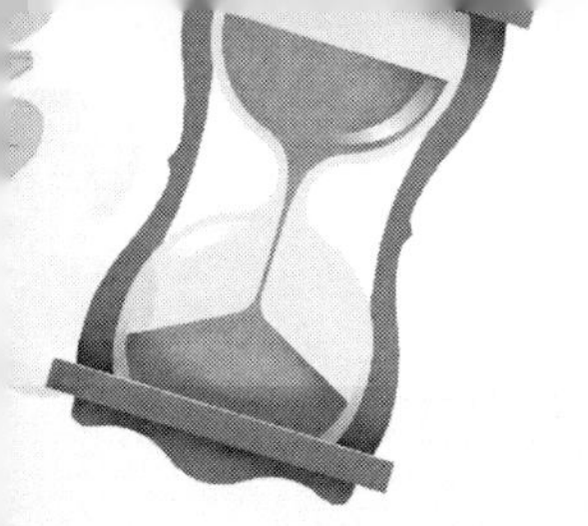

장 태 숙

꽃바람 행진곡 외 4편

장 태 숙

1.
울타리에 개나리가 피었다
담장 옆에 홍매화가 피었다
장독대 옆에 앵두꽃도 피었다
뒤뜰에 키 큰 목련화도 피었다
담장 아래 수선화도 피었다
대문 밖에 버선꽃도 피었다
담장 틈새에 민들레꽃도 피었다
검불 속에 제비꽃도 피었다
배 밭에는 배꽃도 피었다
사과 밭에 사과꽃도 피었다
사과꽃 옆에 복숭아꽃도 피었다
복숭아꽃 옆에 살구꽃도 피었다
살구꽃 옆에 자두꽃도 피었다
밭둑에는 조팝꽃도 피었다
산기슭에는 산수유꽃도 피었다
산언덕에 홍도화꽃도 피었다
바위 옆에 생강꽃도 피었다
앞산 뒷산에 진달래꽃도 피었다

마을길에는 왕벚꽃도 피었다
봄은 만가지 꽃과 바람꽃도 피었다

2.
겨울 내내 닫고 있던 입이 터지는 순간이다
“아 봄이 오는구나”
첫 계절의 풍경은 꽃 잔치를 한다
나는 봄이 오는 것이 너무 싫었다
봄이 되면 친구들은 모두 공부하러 객지로 나가고
아이들은 벚꽃 길로 가방을 메고 학교를 간다

3.
나는 꿈을 꾼다
황톳길이 열리는 여명으로 찾아들었다
이랑 너머 무지개 영롱하게 등불되어
미풍에 수줍어 옷고름 나부끼듯이
침묵의 소리 천지를 울리고
나는 괭이를 들어 큰 뜻을 안고 펼쳐질 때

4.
동내 아낙은 장을 담그고 술 빚는 소리에
땅속 미물도 모두 일어나 술렁인다
쪽빛 하늘 맑은 바람 들이키며

꽃을 찾아 훨훨 나는 나비와 벌들 난쟁이 군무에
동네 분지에는 화전놀이 봄 타령은 산을 넘어 넘어
홍이 크게 메아리치던 오래된 파티 드레스
흰셔츠 턱시도 입은 산까치 울음소리 귓불에 저려온다
이제는 봄이 좋다고 찾아오는 상춘객들
하늘과 땅을 움켜쥐고 선 장선리 봉양의 꽃들이 춤을 춘다
그래도 투화풍에 꽃은 피어도 바람은 피지 말랬다

나로호를 타다

카운트다운 5, 4, 3, 2, 1, 0 환호성에 놀란 나는
엉겁결에 솟아오르는 나로호 몸체를 부둥켜안고 안간힘을 다해 매달렸다

성공입니다
우주정거장에서 환호하는 외계의 나라
기뻐하며 박수 치는 상황실 태극기가 유난히 선명하게 눈에 들어왔다
나로도 언덕 위 관중들의 함성과 선홍빛 화염은 국민들의 뜨거운 열망이 들린 듯 귀가 먹먹하다

천오백 년 전 강물에 빠진 달을 건져올린 시인 이백
불합리한 사회를 고발한 시인 두보
신선 이백과 시성 두보가 신하들과 함께 마중나와
장태숙 시인님 우주에 온 것을 환영합니다
『등록금 한 상자』 시집을 보여주며 백성들에게 시를 읽어 주라고 한다
나는 외계의 나라 말은 통하지 않았지만
시도 읽어주고 '이십리 위수 강둑길' '무너미 수월' 가

곡도 들려주고 강의도 했다
유년기와 청소년기 학생들에게 생애의 인연
부모님 선생님 배우자 자식으로 소중한 삶과 꿈을 잃지 말라며 군밤 이야기를 들려주었다
군밤은 굽는 방법에 따라 맛이 다르다는 방법론과
맛있게 먹는 법도 지혜로 풀어야 할 학생의 과제다

나는 휴대폰을 보여주며 자랑했지만 그들은 이미 공중현상폰을 쓰며 지구의 가족과 화상 통화를 했다
여기는 모두 착하고 훌륭한 사람이 많은데 지구별의 어떤 사람이 오냐고 궁금하여 물어본다
말하지만 알아듣지도 못하는 언어

죄를 지은 사람은 올 수 없고 환경쓰레기는 버릴 곳이 없다고 말한다
좋은 일 하고 착하게 살아야 다음 생에 좋은 데 가서 산다는 말을 생각하며
은하수를 건너는 이야기를 들은 적이 없어 신발을 신어야할지 벗어야할지 몰라
삿대도 없고 돛대도 없는 쪽배에 걸터앉아 별을 세며 쉬고 있는데
어느새 서쪽 나라 개수나무 밑에 토끼 같은 아들과 먼 나라에 딸을 만나서 이백이 베푸는 연회장으로 가

는 중

하늘에 별을 세며 지구를 그리워하는 윤동주와 김소월, 백석도 함께 연회장으로 갔다

집사가 차려준 음식을 먹으며 덕담과 미담으로 흥에 취해 와인 잔을 들고

'달아 달아 밝은 달아 이태백이 놀던 달아'를 목청 높여 노래 부를 때

칙이 이카! 소리와 '현미밥이 완성되었습니다'라는 알림 음이 울리며

여보 그만 자고 일어나야지, 남편의 목소리가 들려왔다

나로호 고마워, 나는 베개를 안고 꿈을 꾸고 있었다

블루칼라

모두 잠자리에 들어갈 22시
접이식 의자를 펼치고 졸음과 함께 앉은 파랑새는
겨드랑이에 깃털이 자란다

한때 밖으로 내몰린 블루칼라 어디에나 있다
정규직과 비정규직이 나란히 바람을 가르며
이마를 풀어헤친 골목의 복선이 힘들다는 걸
기지에 도착해서 십오 분 쉬는 시간에 알았다

라디오에 주파수를 맞추면
뛰어놀던 유년의 풀밭은 너무 밝다
가리베가스[*]의 미싱 소리는 거대한 명령으로
새들과 벌, 꽃잎 열리는 소리를 쏟아 붓는다
한 손에는 청기를 한 손에는 백기를 들고
청기 올려 백기 올려, 반복하며 능숙한 백기를 든다
집에 있거나 있었던 사람을 생각하며
청년 세대의 미래 그때 배운 것 같다
역동적이고 능동적인 본능이
때로는 폭우도 쏟아내고 폭염도 온다

요즘은 AI가 일을 한다고 하지만
하이칼라 흉내 내다 한 줄기 바람이 된다

청색 작업복 입고 전기 목공 운송 현장에서
심장을 딛고 선 침묵의 IT 기반 뉴블루칼라
파랑새는 우주로 비상을 시작한다

* 가리베가스 : 가리봉동의 속어. 지금의 가산디지털단지 부근

은행나무 가족

1.
오래된 책갈피 속 은행잎을 바라보니
노랑나비 한 마리 날개 펴고 날아간다
노오란 날개 속에는 금고를 품고 있다

그대는 까칠한 미래가 휘청일 때
햇빛은 총알처럼 쏟아지고 온몸은
땀으로 젖어 오래된 냄새를 풍긴다

그대는 노란 봉투 속에 채워진
동전과 지폐를 가득 채운 월급으로
우리 집 가족과 집안의 영지를 살찌웠지

훈훈한 바람은 그대의 숨결인가
연두 적삼 품속 자식들은 영글어
여전히 그대의 힘으로 살고 있다

2.
사람들은 저마다 부채가 늘어난다고

코를 막고 발로 밟고 지나가고
은행알 쓰레기통에 처박혀져 지하로 숨는다

그러나 노랑나비는 우주에 사는 수많은
황금 별자리를 품고 나무 속으로 들어가더니
천년의 세월 흘러도 영혼의 싹 돋고 있다

세상이 저물고 다시 피어난 그대여*
'널 향한 마음은 생선처럼 팔딱거린다'며
은행잎 하늘 노을에 씽긋 미소 짓는다

은행을 하나하나 주워 봉투에 담고
책갈피 속에 지폐처럼 넣어 둔
사랑의 그 흔적은 지금 성경이 되었다

* 28살의 남편과 첫만남

조약돌 해병

울산 정자 바닷가
황소바람이 뺨을 몰아친다
힘센 파도에 밀려 단단하고 작아진 몸
살을 에이듯 몸부림치며 바다의 시간을 엮는다

그 어엿함은 을사년 을사조약이 있었어도
지혜로 담장을 치고 황제의 근황도 살핀다
차이고 구르는 분신을 모아 파도에 돌돌돌 말아서
제주 우도의 검멀레* 해변과 해운대 해변을 지키는 의병들
화진포 몽산포 삼천포 만리포 등지에서의 항쟁으로
을사조약은 원천 무효로 무산되었다
퍼렇게 눈뜬 파도의 몸짓
돌미역은 나란히 누워서 연좌했다
토네이도보다 거대한 돌풍을 속으로 삭인다

그는 일억 년을 바다를 지키는 영원한 해병이다

* 검멀레 : 검은 모래의 제주도 방언

정 춘 식

어떤 채식주의자 외 4편

정 춘 식

후덥지근한 초여름이다
그는 수동면에 있는 찜질방에 경비로
취직되어 밤낮 없이 일을 했다
그는 평소에 힘든 일을 하면서
고기가 없으면 밥을 잘 먹지 않았다
그는 식판에 고기가 없으면
쳐다 보고 등을 돌려 누워버린다
아주머니가 "어서 일어나 밥 좀먹어 봐요"하면
'고기가 있나 없나' 확인하고
식판을 툭툭 치거나 쓱윽 밀어놓는다
식욕이 왕성한 그는 뚱뚱한 탓인지
지난 6월에 그만 자리에 누워 예상치 못한 중풍을 맞았다

그리고 그는 다시 일어나기 위해 된장국 청국장과
누룽지탕으로 다이어트에 성공했다
그 모습을 보는 순간 왈칵 나는 눈물이 쏟아졌다
지금은 남편의 배려 덕분에
편백나무 집에서 현역으로 복귀했다

〈

우리 집 개가 어금니를 깨물며 외친다
나는 채식주의자다

막잠 자는 그녀들

우리 동네는 집집마다 누에를 키운다
우리 마루에도 한 가득 뽕잎이 덮여있다

긴 여름방학의 어느 날 월요일 오후였다
진희가 서울 작은어머니 댁에 다녀왔다
작은어머니 사주신 파랑색에 하얀 리본이 팔랑대는
옷을 입은 웃음이 가득한 진희는 집에 오자마자
뽀빠이 과자를 먹으며 자랑질하러 밖으로 뛰어나왔다
진희를 보는 순간 내 몸은
뻣뻣하게 굳어져가는 느낌이 들었다
진희의 반바지가 내 마음을 아프게 때렸다
나는 반바지 한 벌이 입고 싶어 울고 또 울었다

너 왜 울어 머리 아프게, 하던 아버지께서
그래 우리 누에 이제 막잠 자니
1등 하면 사줄게 얼른 세수하고 와, 하셨다
마침내 나는 아버지의 손을 잡고
누에고치 팔러 깽깽발을 뛰며 달려갔다

그 넓은 운천 시장에 내가 찾는 반바지는 없었다
아버지는 푸줏간에서 쇠고기를 사고
나는 그때 막잠을 자면서 아버지 등에 업혀왔다

추억을 전송하다

8월의 무더위는 어지간히 자존심이 누그러질 줄 모른다
나는 왕방산 할머니께 일본 여행을 간다고 자랑질했다
산밖에 모르던 할머니는 일본 어디로 여행을 가느냐고 물었다
나는 바다와 산, 꽃이 아주 많은 북해도로 간다고 했다
그럼 내 사진을 갖고 가면 어때 물으셨다
할머니는 일제강점기를 함께 겪은 친구가 있다고 했다
나는 할머니의 생각에 그 할머니 친구의 손을 꽉 잡고
일본 여행을 떠났다
원추리 수국 목백일홍도 부러움에 박수를 쳤다
드디어 일본 미우라 아야코 문학관에 도착했다
문학관 정원에는 개명을 한 왕방산 노송할머니의 친구
리끼다 할머니가 서 계셨다
나는 리끼다 할머니 손을 잡으며 사진을 찰칵 찍었다
리끼다 할머니 얼굴 주름살 틈새로 땀방울이
가슴을 누르며 맺혀있다

나는 휴대폰 갤러리 속에서
두 분 할머니 사진을 나란이 전송하고 있다

아메리카노 영평천

1.
구절초가 아름답게 한가로이 피어있는
영평천 뚝방길에 햇살이 비쳐올 때
그길을 걷는다 나홀로 걷는다
멀리서 보이는 금수정도 이마에
땀방울 등줄기를 타고 흘러내리는
그길을 걷는다 호젓이 걷는다

홍차라떼 유자차 허브티 카푸치노
바닐라라떼 유혹해도 나는야 아메리카노

2.
국화 향기 사과 향기 모과 향기가
언제나 미소 짓는 그길을 걷는다
꽃향기 맡으며 천천히 걷는다
그래도 내 곁에는 커피가 있어
새소리 들으며 물소리 들으며
커피 잔 들고서 여유롭게 걷는다

바람이 불어도 나는야 아메리카노
눈비가 내려도 언제나 아메리카노

젊은 날의 영화

하루는 시어머니가 새벽부터 우리 집을 찾아오셨다
우리 식구들은 동영상을 찍기 위해
새벽녘부터 혼이 나갈 정도로 바쁘다
방안엔 아이들의 빨래가 널려 있고
부엌에선 아침식사 준비에 혼비백산이다
거울을 보며 출근을 준비하는 남편 식탁으로 와
밥 한 그릇 국 한 그릇 식기 전에 먹고 집을 나섰다

큰아들 엄마 10분 5분 갈팡질팡
어둠 속을 뛰고 있다
막내아들 방안은 수많은 책들과 가방이 풀어져
숲속처럼 들끓고 있다
점심 때 시어머니는 된장찌개를 끓이라 했다
시어머니는 촬영감독
나는 바글바글 여름을 끓이고 있다

조 기 용

인디언의 초대 외 4편

조 기 용

샌프란시스코 산호세 근처 플레전턴에 딸네가 좋은 집을 사서 한달음에 달려갔다 넓디넓은 초원이 끝없이 펼쳐지니 멀리서 인디언들이 말을 타고 나타날 것만 같다 뒷마당 식탁에서 차를 마시며 시를 쓰다가 스르르 잠이 들었다

꿈속에서 집사람과 둘이서 넓은 초원에서 골프를 즐기며 시간 가는 줄 몰랐다 한참을 지나 어둠이 깔리면서 주위에는 사람들이 아무도 없다는 것을 느꼈다 되돌아갈 생각에 키를 돌렸으나 시동이 걸리지 않아 당황했다 그때 말을 탄 인디언 가족들이 갑자기 나타났다 머리띠에는 깃털을 달고 양팔에는 문신을 하고 있었다 우리는 자초지종을 설명하며 도움을 부탁했다 자기들은 사냥을 즐기다 돌아가는 길이라며 지금은 어두우니 자기들 집에서 자고 날이 밝으면 돌아가라고 했다

그렇게 해서 우리 부부는 인디언 집으로 초대되었다 한참을 가다가 큰 언덕을 하나 넘으니 환하게 불 켜진 집이 보였다 집에 도착하니 큰 개 두 마리가 주인을 반

갑게 맞았다 저녁식사로 칠면조 바베큐를 대접받아 맛있게 먹었다 휴대폰으로 손녀들 사진을 보여주니 인디언 소녀들은 좋아했다 거실에 있는 진흙으로 빚은 코뿔소 한 마리와 거북이 한 마리를 싸주면서 손녀들 선물이라고 했다

어디선가 닭울음 소리가 크게 들렸다 학교에서 돌아온 작은 손녀가 옆에서 커피잔을 들고 "할아버지 주무세요?"하는 소리에 깜짝 놀라서 잠이 깼다

숫자의 조화

1.
1이란 놈은 서 있으면 꿋꿋한 의인의 형상이고
땅(土) 위에 드러누우면 자기가 왕(王)이라고 생각하는
아주 배짱 두둑한 놈이다

2.
2란 놈은 오리의 형상이고 오리고기가 몸에는 좋다고 하나
둘(22)이상이 모이면 꽥꽥거리며 시끄러울 것 같고
골퍼들이 따블이라며 싫어하는 놈들이다

3.
3이란 놈이 둘이 모이면
그야말로 삼삼(33)하고
'33세 젊은 놈들'이라 어딜가나 인기가 좋다

4.
4란 놈과 2란 놈이 둘이 만나면 사이(42)가 너무 좋아
'우리 사이(42) 좋은 사이(42)'라고 하면서
주로 칠성 사이(42)다를 즐겨 마신다

5.
5란 놈과 3이란 놈이 만나면
맨날천날 맛있는
'53불고기'를 즐겨 먹는다

6.
6이란 놈은 2란 놈과 만나기만 하면 서로
'육두(62)문자'를 쓰면서 사이가 좋지 않다
그래서 화해를 시켜줄 생각이다

7.
7이란 놈은 둘이 만나면
항상 '칠칠(77)하지 못하다'는 말을 더 많이 듣지만
본성은 럭키7이라 좋은 놈들이다

8.
8이란 놈은 '팔(8)자 좋다'는 얘기를 많이 듣고
두 놈이 모이면
더욱 팔팔(88)하게 생기가 난다

9.
9란 놈이 넷(9999)이 모이면
'구구구구'하면서 비둘기 소리를 내는데
머리를 맞대고 질서정연하다

신발

좋은 아침이다! 현관문 앞, 준마들이 수고를 안고 가지런히 줄지어 쉬고 있다

'오늘은 저들 중에서 누가 선발될까, 어디로 데리고 갈까?'

너희들은 오랜시간 충성을 다했다 내가 어디로 갈 것인지 새로운 결심이 서면 너희들은 마음이 헐렁해서도 안 된다 그래서 나는 마음의 끈과 함께 너희의 고삐를 당겨서 고쳐매기로 했다

너희들은 내가 걸어온 길을 잘 알고 있다 꽃길을 걸을 때는 나와 같이 신이 났고 가시밭길을 걸을 때는 나와 같이 힘들어 했으며 어떤 때는 돌부리를 걷어차며 나와 같이 아파도 했다 그래서 함께해준 너희들을 고맙게 생각한다

사랑하는 나의 준마들아! 너희의 수고를 잊고 있었구나 이제는 너희 중에 누군가 사명을 다 하고 버려질 때도 헌

신짝 버리듯이 하지 않으마 오늘은 너희와 함께 멋진 친구
들과 굿샷을 외치며 푸른 잔디밭을 걸었으면 좋겠다

가능성의 새벽

이른 새벽 깨어 창문에서 내려다보니
안개 깔린 온 천지가 고요하다

보도블록 틈의 이슬을 얹은 잡풀
수고를 안고 정차된 차량들

아무도 손대지 않은 골목길의 가로수
가로등이 비치는 공간도 고스란히 내 것이다

해맑은 정신으로 책도 읽고 글도 쓰고
내가 아는 사람 위해 기도도 올리면서

소중한 이 시간을 혼자서 즐기자니
여기가 천국이 아닌가 하는 생각이 든다

아직 덜 밝아 안개가 낀 저 골목에서
천사가 날아오고 루돌프 썰매도 달려나올 것 같다

서서히 밝아오는 새벽 창문을 통해

서서히 밝아오는 나의 가능성을 읽는다

나의 흔적

1.

나는 경북 고령 덕곡 본리 외가에서 태어났다
나는 경북 고령 대가야읍 모산골에서 자랐다
나는 경북 고령 덕곡 본리 외가에 자주 갔다
나는 경북 고령 운수 신간 이모집에도 갔다
나는 대구 비산동 고모집에서 학교를 다녔다
나는 대구 대봉동에서도 잠시 학교를 다녔다
나는 대구 평리동 주공아파트에서 신혼 때 살았다
나는 대구 평리동 주공아파트에서 딸이 태어났다
나는 대구 평리동 주공아파트에서 아들 태어났다
나는 대구 성당동 시영아파트에 전세로 잠시 살았다
나는 대구 성당동 주공아파트를 분양받아서 살았다
나는 경북 경주 성건동 단독주택에서 전세로 살았다
나는 서울 서대문 연희동 다가구주택에서 살았다
나는 성남 분당 서현동 삼성아파트가 당첨되어 살았다
나는 충북 제천 화산동 텃밭이 있는 관사에서 잠시 살았다
나는 지금은 성남 분당 서현동 효자촌 현대아파트에서 살고 있다

2.
나는 대가야국의 고도 고령에서 태어났다
가야금을 만든 악성 우륵이 태어난 곳에서 호연지기를 키우며
어린 시절을 살다가 청운의 꿈을 품고 대구로 진출하였다
대구는 큰 입을 벌리고 나를 맞아주었지만
시골에서 만큼 두각을 나타내지는 못하게 했다
취직을 해서 결혼을 하고 딸과 아들이 태어나고
신라의 고도 경주를 거쳐 서울로 올라왔다
기관의 장이 되어 제천을 찾았을 때 깜짝 놀랐다
우륵이 먹던 우물이 그곳에 있었다
우륵은 신라로 망명하여 제천일대에 머물며 가야금을 전수했다
대가야가 망하면서 뒤따라 나섰다는 공주는 만났는지 궁금했다

3.
살면서 후회되는 일도 많지만 인생을 다시 살라 해도
나는 더 나은 흔적을 남길 거란 보장도 없고 자신도 없다
천당 밑에 있는 분당에 살면서 사무실을 운영하고
시도 쓰면서 지금처럼 사는 게 좋을 것 같다

2025년 2학기 고려대 미래교육원
시창작과정 앤솔로지 25집

구름을 불러 타다

초판 발행 : 2026년 2월 25일
지 은 이 : 이동재 외
홈페이지 : https://cafe.daum.net/e-storymunhak

발 행 인 : 김순진
편 집 장 : 전하라
디 자 인 : 김초롱
발 행 처 : 도서출판 문학공원
등 록 : 2004년 3월 9일 제6-706호
전 화 : 02-2234-1666
팩 스 : 02-2236-1666
홈페이지 : https://blog.naver.com/ksj5562
이 메 일 : 4615562@hanmail.net

* 책값은 뒤표지에 있습니다.